AF305834

MADELON LESCAUT

PAR

M. LAMBERT THIBOUST

Représenté pour la première fois, à Paris, sur le théâtre des VARIÉTÉS,
le 13 mars 1856.

PARIS

MICHEL LÉVY FRÈRES, LIBRAIRES-ÉDITEURS

RUE VIVIENNE, 2 bis

—

1856

Distribution de la Pièce.

GUEUGUEUX , garçon pâtissier......... MM. Lassagne.
BEAUCANARD, jeune dandy.......... Émile Thierry.
M. RIFOLARD, pâtissier............. Delière.
LE PÈRE GIBLOTTE, gargotier........ Charier.
GRELUCHON , jeune marié........... Roland.
ALBERT, ⎱ amis de Beaucanard........ Zelner.
LUCIEN , ⎰ Hector.
UN PORTIER..................... Lemonnier.
UN PETIT GARÇON, jouant du violon;
   personnage muet.................. Le petit Lange.
MADELON LESCAUT, cuisinière........ Mlles Schwaneck.
DENISE , femme de Greluchon......... Émilie Baudin.
MIMI, demoiselle d'honneur.......... Mathilde.
UNE MARCHANDE.................. Mme Marquilly.
UNE CHANTEUSE DES RUES, personnage
   muet......................... Mlle Aline.
Le musicien de la noce, idem.
Gens de la noce, hommes et femmes.
Deux mitrons.

Toutes les indications sont prises de la gauche et de la droite du spectateur, etc.

MADELON LESCAUT

PREMIER TABLEAU.

A Romainville, à la guinguette des Acacias. Au fond, haie vive, au milieu de laquelle est une grande porte donnant sur la campagne; au-dessus de cette porte on lit : AUX ACACIAS. — A gauche, au deuxième plan, la maison, on lit au-dessus de la porte : CABINETS PARTICULIERS. — A droite et à gauche, sur le devant, deux tables avec verres et bouteilles; chaises de cabaret.

—

SCÈNE PREMIÈRE.

(Au lever du rideau, les gens de la noce finissent un quadrille, après lequel le musicien descend d'un tabouret sur lequel il était monté.)

GRELUCHON, DENISE, MIMI, GENS DE LA NOCE.

TOUS, après la danse.

Vivent les mariés! (Quelques-uns s'attablent et boivent.)

GRELUCHON, prenant Denise dans ses bras et l'embrassant *.

Ma petite femme!...

DENISE.

Voyons, finissez donc, monsieur Greluchon... vous me chiffonnez!...

GRELUCHON.

Tiens! c'est mon droit à c'tt' heure...

MIMI.

Non!... il n'est pas encore ménuit!...

TOUS, riant.

C'est vrai!...

GRELUCHON.

Je demande à ce qu'il soit ménuit tout de suite. (On rit.)

DENISE, à Greluchon qui la lutine.

Laissez-moi donc!... ah! qu'il est ennuyeux!

MIMI.

Je demande à ce que les hommes s'en aillent.

LES FEMMES.

Oui! oui!... (Elles se réunissent toutes à gauche.)

GRELUCHON.

Ah! c'est comme ça!... (Aux hommes.) Alors je propose une partie de tonneau!...

LES HOMMES, à droite.

Oui! oui!

GRELUCHON, à Denise, avec fatuité.

Plus tard, mame Greluchon, c'est vous qui me retiendra et c'est moi qui s'en ira!...

* Mim. Grel. Deni.

DENISE, riant.

Nous verrons ça. (On rit.)

TOUS.

Au tonneau ! au tonneau !... (Giblotte, qui vient d'entrer par la gauche, débarrasse les tables et sort.)

CHŒUR.

Air : *Vivre au jour le jour.*

Viv' le sentiment,
Le vin blanc
Et le mariage !
Viv' le sentiment
Quand il finit au restaurant !
Car sous les lilas,
Pas de p'tits faux pas ;
Si l'amour s'engage,
L'hymen, à son tour,
Y vient, un beau jour,
Conduit par l'amour.

(Les jeunes gens sortent par la droite, entraînant Greluchon qui veut toujours lutiner Denise. — Madelon paraît au fond ; elle a l'air de chercher quelqu'un.)

SCÈNE II.

MIMI, MADELON, DENISE, FEMMES DE LA NOCE.

MIMI, voyant Madelon.

V'là une jolie fille !... (Madelon descend la scène.)

DENISE.

Mais je ne me trompe pas... Madelon...

TOUTES.

Madelon !

MADELON.

Cette voix !... Denise !... Mimi !... Gimblette !... mes anciennes compagnes d'atelier !... (Regardant Denise.) Mais que vois-je !... tu te paies de la fleur d'oranger ?...

DENISE.

Un peu !...

MADELON.

Cette robe blanche... ce voile pudique... tu te maries ?...

DENISE.

Oui, avec Greluchon... mon amoureux... mon petit ébéniste.

MADELON.

Oh ! oui... je sais... un homme qui fait de l'acajou pour les autres... Enfin, sois heureuse, ma bonne !... Puisse cet homme te la faire passer douce !

DENISE.

Mais, toi, qu'es-tu devenue... depuis si longtemps ?

MADELON.

Je suis entrée en service.

DENISE.

Ah ! femme de chambre !...

MADELON.

Cuisinière !... chez une pêche...

DENISE.

A quatre francs ?...

MADELON.

Non, à quinze sous... la baronne Paméla de Mistenflûte ; mais
je l'ai quittée.

DENISE.

Pourquoi ?

MADELON.

L'oxigène qu'on y respire est fatal... ce luxe... ces boudoirs
capitonnés ; ces jeunes gens avec des favoris côtelettes et des
petits faux-cols... tout cela étourdit, grimpe au cerveau ! Ma
vertu y polkait sur l'abîme de la tentation et j'ai filé...

DENISE.

Mais maintenant, que vas-tu faire ?

MADELON.

Je ne sais pas.

DENISE.

Reviens travailler avec nous... à l'atelier.

TOUTES.

Oui... oui... c'est ça.

MADELON, avec mépris.

Chemisière pour hommes !... merci !... en v'là une position...
vingt sous par jour sans le fil... et pas nourrie !...

DENISE.

Mais il faut payer son logement finalement.

MADELON.

C'est vrai ; mais ça m'ennuie de travailler... ça m'humilie de
me piquer les doigts avec une aiguille... J'étais née pour me
promener dans un cab, pour manger du potage à la bisque,
pour flûter de la veuve Cliquot en société ; enfin j'étais née pour
ne rien faire de la semaine, et pour jubiler le dimanche... Vous
autres, vous avez des instincts bourgeois... vous n'avez pas de
chic.

DENISE.

Madelon, Madelon, tu te fais des idées émaginaires qui
sentent le camélia ; tu ferais mieux de revenir avec nous et de
te remettre à la couture... tu finirais peut-être par épouser
comme moi, un brave garçon.

MADELON.

Oh ! je ne mets pas à cette loterie-là... Me marier, moi ! allons
donc ! il me faut le grand air, le plaisir et l'indépendance !

Air des *Exploits de César.*

A la folie
Vouer sa vie,
Qu'elle ne soit qu'une longue chanson...

Insouciance,

Indépendance,

C'est le joyeux refrain de Madelon.

Fair' quelque chose,

Ça m'indispose ;

Quand pour mon terme on me dit d' travailler,

Moi sans tapage,

Je déménage,

Et je n'ai pas de termes à payer.

Le mariage

Est une cage,

Le biscuit d' mer y remplace la gaîté.

Oiseau qui vole,

Moi, je raffole

De l'air, des fleurs, et de la liberté.

L'amour s'évade,

L'époux maussade

Devient jaloux, brutal, ou rentre tard...

Si l'on réclame,

Il dit : « Madame,

« Vous m'ennuyez... Mouchez donc vot' moutard !

A la folie

Vouer sa vie,

Qu'elle ne soit qu'une longue chanson...

Insouciance,

Indépendance,

C'est le joyeux refrain de Madelon...

REPRISE ENSEMBLE.

A la folie

Vouer sa vie, etc., etc.

DENISE, riant.

Est-elle drôle, cette Madelon ! (A Madelon, qui remonte, en regardant de tous côtés.) Mais tu as l'air de chercher quelque chose...

MADELON.

Oui, je cherche un être qui ne fait pas partie de notre sexe.

LES FEMMES.

Ah !... et qui donc ?...

MADELON, avec poésie.

Mon amoureux.

LES FEMMES.

Ah ! bah !

DENISE.

Et il s'appelle ?

MADELON.

Gueugueux.

DENISE.

Toujours Gueugueux ?

MADELON, avec amour.

Toujours Gueugueux !!

DENISE.

Mais il n'est pas beau.

MADELON, de même.

Que m'importe, à moi? Je l'aime!

MIMI.

Il est mal bâti.

MADELON, de même.

Je l'aime!

DENISE.

Il est pané!

MADELON, de même.

Je l'aime... pané!... oui, je l'aime du jour où il m'a enlevée de chez mon premier bourgeois, en me disant avec cet organe qui n'appartient qu'à lui : (Imitant Gueugeux.) « Mam'zelle, ô mon « Dieu! je... que je vous aime!... Je n'ai rien, vous n'avez rien « t'également... partageons-le. »

DENISE.

Aimer un garçon pâtissier, un mitron!...

MIMI.

Un fabricant de brioches!...

MADELON, avec poésie.

Encore une fois, que m'importe... Je l'aime.

Air de *Loïsa Puget.*

Oui, je l'aime d'amour... je lui trouv' du physique!...
Mon Gueugueux, mon Bibi, j'aime ce grand gamin!
J'aime, quand sa douce voix me chatouill' l'acoustique...
J'aime son nez fripon, son œil américain.
  Malgré moi, je sanglote,
  Quand, me serrant la main,
  Il me dit : « Ma cocotte,
  « Au revoir... à demain! »
  Et de moi s'il s'approche,
Tout mon cœur bat pour mon chevalier ;
  Et je perds la caboche,
Quand j' l'entends grimper dans l'escalier...
  On peut faire un' brioche
  Pour un tel pâtissier .,
  Viens, mon beau chevalier!...

GUEUGEUX, paraissant au fond.

Me voilà! Me voilà!.. (Il descend la scène.)

SCÈNE III.

LES MÊMES, GUEUGUEUX. (Il est vêtu en garçon pâtissier. Costume blanc et porte sur sa tête une manne contenant un vol-au-vent.)

MADELON, allant à lui*.

C'est lui!... c'est toi, mon bien-aimé!... (Les femmes de la noce passent à droite.)

* Mad. Gueu. Den. Mim.

GUEUGUEUX.

C'est moi, tout de même... Cré coquin! j'ai rudement chaud!
(Il se débarrasse de la manne, qu'il va placer sur une table, à gauche.)

MADELON*.

Tu as chaud, mon bien-aimé.

GUEUGUEUX.

Il y a une bonne trotte de la rue Jean-Pain-Mollet à Romainville.

MADELON, lui essuyant le front.

Pauvre ami!...

DENISE, bas à ses amies.

Est-elle drôle d'aimer ce particulier-là... ça tient du roman!...

LA VOIX DE GRELUCHON, en dehors.

Hé! Denise!... Mame Greluchon!...

VOIX D'HOMMES, en dehors.

Hé! mame Greluchon!... hé! la mariée!...

DENISE, à Madelon.

Mon mari m'appelle!... à bientôt, Madelon.

ENSEMBLE.

Air : *Mirliton, mirlitaine.*

Greluchon $\begin{matrix}\text{nous}\\\text{vous}\end{matrix}$ appelle ;

Hâtons-nous
Hâtez-vous $\quad$ donc de partir
En épouse fidèle,
    Il faut obéir.

DENISE, à Madelon.
C'est singulier tout d' même
Un pareil amoureux!...

MADELON.
Que m'importe... je l'aime!
(Donnant de petites tapes sur les joues de Gueugueux.)
Je t'aime, mon Gueugueux!...
REPRISE DE L'ENSEMBLE.
(Denise, Mimi et les femmes sortent par la droite.)

SCÈNE IV.

GUEUGUEUX, MADELON.

MADELON, s'éloignant soudain de Gueugueux, en minaudant et faisant l'enfant.

C'est égal... tu n'es pas gentil, nà !...

GUEUGUEUX.

Pourquoi çà, que je ne suis pas gentil, nà?...

MADELON.

Tu n'as donc pas trouvé mon poulet chez le portier de ton gargot?

** Gueu. Mad. Den. Mim.

GUEUGUEUX.

Si fait, que je l'ai trouvé !...

MADELON.

Eh bien !... je te disais d'être ici, à Romainville, à quatre heures ! et... il en est six... voilà deux heures que je pose dans les groseiliers du voisinage.

GUEUGUEUX.

C'est pas ma faute; le patron m'a dit de porter au faubourg Saint-Honoré... ce vol-au-vent truffé !...

MADELON.

Et tu ne l'as pas porté ?

GUEUGUEUX.

Ma foi non... hi ! hi ! hi ! (Il rit.)

MADELON.

Mais s'ils l'attendent pour dîner?...

GUEUGUEUX.

Ma foi, tant pis ! je leur porterai plus tard... ils souperont avec...

MADELON, avec joie.

Ainsi, pour moi, tu as oublié ton devoir ?

GUEUGUEUX.

Je m'en fiche pas mal de mon devoir !... hi ! hi ! hi ! (Il rit.)

MADELON.

Ainsi, pour moi, tu as trépigné sur le qu'en dira-t-on ?

GUEUGUEUX.

Bédame !...

MADELON, lui jetant les bras autour du cou.

Ah ! tu es grand ! tu es beau ! je t'aime, viens t'asseoir... là... près de moi... (Elle le conduit par la main, vers la droite. — Gueugueux se laisse faire ; elle renverse une chaise par terre, s'assied sur les pieds de la chaise et fait asseoir Gueugueux sur le dossier. — Avec passion.) Cher amant!... (Changeant de ton tout à coup.) As-tu apporté de l'argent pour payer la carte?

GUEUGUEUX, tirant de l'argent de sa poche.

Oui... v'là six francs. (Madelon les prend et les met dans sa poche.)

MADELON , avec extase.

Ah ! Gueugueux ! que j'aime donc à me mirer dans tes prunelles !... Je ne sais pas si cela vient de ton vol-au-vent, mais tu embaumes la truffe...

GUEUGUEUX.

Ça m'a peut-être coulé sur la tête.

MADELON.

Laisse-moi passer ma main dans tes cheveux...

GUEUGUEUX.

Attends, que j'ôte ma tourte. (Il ôte son béret blanc, et le met sur la table de droite.)

MADELON.

Mais quel bon ange t'a donc flanqué sur ma route... dis? comment as-tu pu m'aimer, moi, pauvre fille de rien du tout ?

GUEUGUEUX.

C'est un beau matin... ça m'est venu comme ça... Le 3 juillet 1856... tu étais t'en train de secouer un tapis par la fenêtre...

MADELON, avec effroi, se levant et passant à gauche.

Tais-toi ! tais-toi !... (La chaise fait la bascule ; Gueugueux, qui était assis sur le dossier, tombe par terre.)

GUEUGUEUX, par terre.

Pourquoi?

MADELON.

C'est défendu par le gouvernement.

GUEUGUEUX, se relevant.

Oui... mais on ne t'a point vue... Dès lors mon cœur s'est mis à la poursuite de ton cœur... et faut croire qu'il a fini par l'attraper... (Il rit.) ah ! ah ! ah !

MADELON.

Oh ! oui ! car, l'hiver suivant, ils dansaient tous les deux au bal Valentino.

GUEUGUEUX, dramatiquement.

Oh ! tais-toi, z'a ton tour !... tais-toi, z'a ton tour !...

MADELON, ingénument.

Pourquoi, mon Bibi?

GUEUGUEUX.

Tu réveilles les serpents de la jalousie qui étaient engourdis dans mon estomac !... Rappelle-toi cet Espagnol Napolitain, Louis XIII, qui t'entraîna dans le tourbillon insensé d'une valse à huit temps.

MADELON, pleurant.

Mais, est-ce que je l'aime, moi, cet Espagnol !... Gueugueux, je te jure, par la tour Saint-Jacques de Compostelle, qu'il ne m'est rien, cet Espagnol !

GUEUGUEUX.

Et je n'ai pas tué ce Castillan !... et je ne lui ai pas fait manger ses bottes jaunes !... (Avec désespoir.) Oh ! fatalité-je !... fatalité-je !...

MADELON, avec bonheur.

Tu es jaloux !... oh ! parle, parle encore, mon chevalier !... ta voix me fait l'effet d'une clarinette enchantée.

GUEUGUEUX, avec passion.

Ah ! je t'adore-je !... je t'adore-je trop !...

MADELON.

Répète, répète-le ce mot magique !... on demande bis !...

GUEUGUEUX, de même.

Mais, je t'adore-je !... que c'en est incommodant !... que j'en ai des cauchemars intempestifs !... que la nuit, je me réveille en *cerceaux!*... que je cours en chemise dans ma chambre, sans chandelle !... et qu'hier, je me suis flanqué les quatre fers en l'air, comme un homme qu'aurait bu !

* Mad. Gueu.

MADELON, ivre de joie.

Comme il m'aime ! (Avec extase.) oh ! c'est trop de bonheur ! c'est trop de bonheur ! (Elle se laisse aller dans ses bras.) Et tu ne crains pas pour ton avenir, n'est-ce pas ?... tu ne crains pas l'opinion du monde, n'est-ce pas ?

GUEUGUEUX, avec éclat.

Le monde !... le monde !... le monde !... je m'en fiche, comme d'une guigne !...

Air : *Léonor, mon amour brave.* (La Favorite.)

Madelon, mon amour brave
Ce qu'on pensera,
Ce que l'on dira !...
Je veux être ton esclave !
Sur mon cœur, ah! viens !...
Je t'appartiens !
De ma po-sition sociale
J' fais bon marché, car, un beau jour,
Comme un oi-seau je détale,
En t'emportant, toi, mon amour !
(Il la prend dans ses bras.)

MADELON.
Son amour !

GUEUGUEUX.
Mon amour !

MADELON.
Ton amour !

ENSEMBLE.
Notre amour !...
Ah !...

REPRISE ENSEMBLE.

GUEUGUEUX.
Madelon, mon amour brave... etc.

MADELON.
Près de moi, son amour brave
Ce qu'on pensera,
Ce que l'on dira !...
Il veut être mon esclave !...
Sur mon cœur, ah! viens !...
Je t'appartiens !

GUEUGUEUX, après l'avoir pressée dans ses bras.

Sapristi ! je commence à avoir des tiraillements d'estomac ! .

MADELON.

Fais la carte, mon cœur.

GUEUGUEUX, criant.

Ohé !... père Giblotte ! ohé !...

SCÈNE V.

Les mêmes, LE PÈRE GIBLOTTE; puis UNE MARCHANDE.

LE PÈRE GIBLOTTE, sortant de la maison [*].

Voilà!... voilà!... (Il va près de Gueugueux qui s'assied à la table de droite.)

GUEUGUEUX, remettant son béret.

Quoiqu'y mijote sur vos forneaux?

LE PÈRE GIBLOTTE, lui donnant un papier et un crayon.

Tout ce que vous voudrez... pigeons, poulets, canards...

GUEUGUEUX, écrivant.

Nous commencerons par un beefteak aux pommes, si ça vous est égal.

LE PÈRE GIBLOTTE.

Parfait. (Ici, entre par le fond, une marchande portant un petit éventaire, sur lequel sont des bijoux et une loterie où l'on tire la rouge ou la noire.)

MADELON, allant à la marchande et regardant les bijoux.

Oh! des croix d'or... des bracelets, des bagues!...

LA MARCHANDE [**].

Contrôlées par la Monnaie... un franc le billet de loterie... la rouge ou la noire...

MADELON.

Essayons... rouge... tiens!... j'ai perdu. (Elle paie avec l'argent que lui a donné Gueugueux.)

LA MARCHANDE.

Renouvelez, ma petite dame, renouvelez.

GUEUGUEUX, à Giblotte.

Et puis après ça qu'avez-vous?

LE PÈRE GIBLOTTE.

Goujons... matelotes... fricandeaux au jus.

GUEUGUEUX, écrivant.

Donnez-nous en second... un beefteak au cresson.

LE PÈRE GIBLOTTE.

Parfait.

MADELON, jouant toujours.

Encore perdu! (Elle continue à jouer, en payant chaque fois.)

LE PÈRE GIBLOTTE, à Gueugueux.

Et pour rôti?... un petit lapin sauté?...

GUEUGUEUX, le regardant.

Je m'en méfie de vos lapins, non. Donnez-nous *ensuite* un beefteak aux olives. (Il écrit.)

MADELON, frappant du pied.

Ah! quel guignon! (Elle paie et joue de nouveau.)

LE PÈRE GIBLOTTE.

Et pour dessert, des pommes cuites... du fromage?...

___

[*] Mad. Gibl. Gueu.

[**] La march. Mad. Gibl. Gueu.

GUEUGUEUX, écrivant.

Bah! redonnez-nous un beefteak aux pommes.

MADELON, payant la marchande.

Ah! cette fois, j'ai gagné!... il était temps... je n'ai plus le sou...

LA MARCHANDE, lui donnant une bague.

V'là la bague, ma petite dame...

LE PÈRE GIBLOTTE, à Gueugueux *.

Et du vin à quinze?

GUEUGUEUX, se levant.

Du vin z'à quinze!... (Il lui donne la carte qu'il a écrite.)

LE PÈRE GIBLOTTE, criant.

Garçon, servez... cabinet n° 7.

UNE VOIX, en dehors.

Voilà! voilà!... (Le père Giblotte sort par la maison.)

MADELON **.

Maintenant, en avant le coup de fourchette!

GUEUGUEUX.

Et le cabinet particulier!

Air : *Bacchanal.* (Arthus.)

Dans un joyeux cabaret,
Vive un tête à tête,
Où l'on se met en goguette,
Grâce au p'tit pichenet!

MADELON, à part.

Nous n'avons plus un sou...
Malgré ça je dîne...
Je ris de la débine,
Et me moque de tout.

GUEUGUEUX.

En avant la rigolade!

MADELON.

La vie est une cascade!
Crac!
En avant
L'sentiment,
La guinguette et l'agrément!
Tous les gueux
Amoureux
Sont des gens heureux!

LE PÈRE GIBLOTTE, en dehors.

Les beefteaks demandés.

REPRISE ENSEMBLE.

GUEUGUEUX ET MADELON.

En avant la rigolade!

---

* Mad. Gib. Gueu.
** Mad. Gueu.

La vie est une cascade!
Crac!
En avant
L'sentiment,
La guinguette et l'agrément!
Tous les gueux
Amoureux
Sont des gens heureux!

(Ils entrent en dansant dans la maison.)

SCÈNE VI.

ALBERT, BEAUCANARD, LUCIEN.

BEAUCANARD, paraissant au fond.

Par ici, Messieurs... par ici... (Il entre avec ses deux amis.) Garçon,
l'absinthe!...

ALBERT et LUCIEN.

L'absinthe!... (Giblotte apporte trois verres, un flacon d'absinthe et
une carafe qu'il pose sur la table de droite; puis il sort.)

ALBERT, à Beaucanard.

Ah çà! où diable nous mènes-tu?

LUCIEN.

Au cabaret, parbleu!

BEAUCANARD, riant.

Oui, très-chers!... laissez-moi vous encanailler... c'est régence, tu bœuf!... vous êtes ici en plein Romainville, à la
guinguette des Acacias.

ALBERT ET LUCIEN,

Ah bah!

ALBERT.

Prétends-tu nous faire dîner sur l'herbe?

LUCIEN.

Nous faire mettre des hannetons dans nos poches?

BEAUCANARD.

Messieurs, je viens pour... c'est toute une histoire.

ALBERT.

Raconte-la ton histoire.

BEAUCANARD.

Volontiers. (Ils vont s'asseoir à la table de droite et boivent leur absinthe.) * Figurez-vous, Messieurs, que moi, Jules de Beaucanard,
je m'étais égaré l'hiver dernier au bal de Valentino... j'avais
endossé le délicieux costume d'Espagnol, qui plaît tant aux
femmes... Je m'ennuyais dans cette foule peu comme il faut...
quand mon lorgnon s'égara sur une jeune fille déguisée en débardeur. La saisir dans mes bras, lui faire faire trois tours d'une
valse... macabre... et appliquer sur le satin de son épaule un
baiser brûlant... tout cela fut l'affaire d'un wagon qui passe...

____

* Alb. Beau. Luc.

pehitt!... pehitt!... Puis, la jeune fille s'échappa, légère comme
une biche, et je la revis au bras d'un horrible Turc que je sup-
pose être son amant.

ALBERT, riant.

Attrape!...

BEAUCANARD.

Attendez donc!... je la suivis, cette débardeur... j'appris son
adresse, et depuis trois mois je la guette, je la guigne... Par
Richelieu! la friponne m'appartiendra!... son amant m'a tout
l'air d'un crétin; moi, j'ai un grand nom ; je suis un capitaliste;
je puis lever cinquante Autrichiens, et je travaille au passage
de l'Opéra. Ce serait bien le diable si, avec tout ça, je ne triom-
phais pas d'une ingénue.

LUCIEN.

Enfin ton histoire est sans dénouement.

BEAUCANARD.

Je sais qu'elle est ici... ce soir, je me déclare... et je l'enlève!

LUCIEN ET ALBERT.

Heureux coquin!

MADELON, en dehors.

Garçon! l'addition!

BEAUCANARD, se levant et allant vers la maison.

C'est elle! (Albert et Lucien se lèvent aussi.)

GUEUGUEUX, en dehors.

L'addition, nom d'un bonhomme!

BEAUCANARD, s'arrêtant.

Bigre! la voix du musulman!...

LE PÈRE GIBLOTTE, entrant par le troisième plan à gauche.

La voilà! la voilà. (Il entre dans la maison.)

BEAUCANARD, à ses amis.

Éloignons-nous un instant, Messieurs. Je couve un projet que
je crois anacréontique!...

GUEUGUEUX, MADELON ET LE PÈRE GIBLOTTE, en dehors.

C'est une infamie!... c'est une indignité!

BEAUCANARD, à ses amis.

De la bisbille!... elle peut servir à mon amour!...

ENSEMBLE.

Air d'*Une walse.*

Éloignons-nous... mais de la belle
Ne perdons pas un mouvement ;
Et, tous les trois, de la cruelle
Méditons bien l'enlèvement.

(Ils sortent par la droite.)

SCÈNE VII.

GIBLOTTE, GUEUGUEUX, MADELON, sortant de la maison.

GUEUGUEUX.

Oh! misère!... misère!... quel affront!

GIBLOTTE.

Quand on consomme, faut payer... Ah! j'ai bien fait de vous arrêter au troisième plat, je me défiais du coche. Pristi! vous y alliez bien!...

GUEUGUEUX, à Madelon.

Mais, Madelon, qu'est-ce que t'as fait de l'argent?

MADELON.

J'ai joué.... et j'ai pas eu de chance.

GIBLOTTE.

Ah! vous êtes des intrigants!... je vais vous faire arrêter, mes gaillards! (Il sort par le troisième plan à gauche.)

GUEUGUEUX *.

Arrêtés! Oh! malheur! malheur!... comment me procurer de l'or-je?... (Son regard tombe sur la manne qui est sur la table de gauche.) Ah! ce vol-au-vent truffé!... quelle idée!... oh! ma tête!... ma pauvre tête!... j' vas tâcher de le vendre trois livres quinze sous!... (Il sort vivement par le fond en emportant la manne. Madelon s'est assise près de la table de droite et se verse un verre d'absinthe. — Le père Giblotte rentre à ce moment par le troisième plan à gauche.)

GIBLOTTE **, voyant sortir Gueugueux.

Eh ben!... il s'en va!.. (Voyant Madelon.) Ah! la petite est encore là!... (Il va à elle et lui ôte le verre et le flacon d'absinthe qu'il remet sur la table. — A cet instant, Denise, Greluchon, les gens de la noce, Beaucanard, Albert et Lucien entrent par la droite. — Une chanteuse, qui tient un tambour de basque, entre par le fond avec un petit garçon qui porte un violon.)

SCÈNE VIII.

GRELUCHON, DENISE, LA CHANTEUSE ET LE PETIT GARÇON, GIBLOTTE, MADELON, ALBERT, LUCIEN, BEAUCANARD, GENS DE LA NOCE.

Air : *Ronde des barrières de Paris.*

Vive la folie!
Vive le plaisir!
On est dans la vie
Pour se divertir!

* Gueu. Mad.
** Gib. Mad.

GIBLOTTE, à Madelon.

Voyons!... payez-vous... oui... ou non? (Madelon se lève et lui rit au nez.) Ah! c'est trop fort!...

DENISE, à Madelon.

Tu as besoin d'argent... en veux-tu?

MADELON, passant au milieu *.

Merci... je vais m'en procurer. (Prenant le tambour de basque de la chanteuse.) Prête-moi ton tambour, ma fille, et nous partagerons la recette... Attention, tout le monde!... je vais chanter la Bourbonnaise de Romainville... la vraie Bourbonnaise!...

TOUS, avec joie.

Ah!...

MADELON, au petit garçon.

Avance, Paganini!... (Elle chante. Le petit garçon l'accompagne et, sur les ritourne lles, elle joue du tambour de basque.)

Air de *la Bourbonnaise*.

PREMIER COUPLET.

Il est à Romainville,
Dans un champêtre asile, (*bis.*)
Un espèc' d'imbécile,
Un affreux gargotier!
Hé! hé! hé! hé! hé! hé!
Armé d'un cimeterre,
La nuit, il fait la guerre
Aux lapins d' la gouttière,
Aux chats de son quartier.
Ah! ah! ah! ah! ah! ah! ah!
(Désignant Giblotte.)
Et ce fricoteur-là,
Mes amis, le voilà!

CHŒUR, en riant.

Ah! ah! ah! ah! ah! ah! ah!
Et ce fricoteur-là,
Mes amis, le voilà!

MADELON.

DEUXIÈME COUPLET.

Ce gargotier sans âme
Est jaloux de sa femme... (*bis.*)
D'un marmiton la dame
A le cœur enchanté.
Hé! hé! hé! hé! hé! hé!
Un soir que, sans chandelle,
L' mari venait chez elle,
Il trouva que la belle
Avait d' la société.
Ah! ah! ah! ah! ah! ah! ah!

* Grelu. Deni. La chant. Et le petit garçon (au deuxième plan);
Mad. Gibl. Alb. Luc. Beau.

(Désignant Giblotte.)
Et ce bon mari-là,
Mes amis, le voilà !

CHOEUR, en riant.
Ah ! ah ! ah ! ah ! ah ! ah ! ah !
Et ce bon mari-là,
Mes amis, le voilà !

(Pendant ces couplets le père Giblotte a donné des signes de colère.)

MADELON, à Giblotte.
Allons, ne vous fâchez pas... on va vous payer. Je vais faire la quête... (Elle passe devant tout le monde, en commençant par la gauche, et tend son tambour de basque.) Pour la petite chanteuse, s'il vous plaît. (On lui donne en riant. A la chanteuse :) Tu vois, ma fille, nous faisons nos frais. (Elle continue sa quête.)

BEAUCANARD.
Elle est ravissante !

LUCIEN.
Charmante !

ALBERT.
Adorable !...

MADELON, qui arrive près de Beaucanard et de ses amis *.
Allons, Messieurs, du courage à la poche... (Albert et Lucien lui donnent. — Voyant Beaucanard, à part.) Ciel ! le gandin de Valentino !

BEAUCANARD, à part.
Elle m'a reconnu ! (Haut.) Voilà, ma belle enfant... (A part.) Soyons régence !... (Il met une pièce d'or dans le tambour de basque.)

MADELON, à part.
Un louis !... cet homme est calé... (Elle rend le tambour de basque à la chanteuse, lui donne une partie de sa recette et met le reste dans sa poche. — A ce moment, Gueugueux entre tout essoufflé par le fond.)

SCÈNE IX.

LES MÊMES, GUEUGUEUX, puis RIFOLARD ET DEUX MARMITONS **.

GUEUGUEUX, très-pâle.
Madelon !... Madelon !.. me voilà !...

MADELON.
O mon Dieu !... comme tu es pâle !... tu es blanc d'Espagne !...

GUEUGUEUX, à Giblotte.
Père Giblotte, payez-vous... (Il lui donne de l'argent.)

MADELON.
Tu as de l'argent ?

GUEUGUEUX.
Oui, j'ai vendu au rabais le vol-au-vent du patron...

* Grelu. Deni. Gibl. Mad. Alb. Luc. Beau.
** Grelu. Deni. Gibl. Gueu. Mad. Beau. Alb. Luc.

MADELON.

Ciel! quelle boulette!...

GUEUGUEUX.

Que veux-tu?... c'est l'amour!... c'est l'amour!...

RIFOLARD, entrant par le fond avec deux mitrons et montrant Gueugueux *.

C'est lui!... l'infâme!... le voilà!...

GUEUGUEUX, à part.

Grands dieux!... le patron... oh! je voudrais être en ballon!

CHŒUR.

Air de *l'Ambassadrice*.

Ah! c'est abominable!
Ah! c'est un tour pendable!...
Quel crime épouvantable!
Voler un vol-au-vent!
Mais, chez le commissaire,
Rien ne peut le soustraire
Au châtiment sévère
Qui l'attend
A l'instant!
Rien ne peut le soustraire
Au plus dur châtiment!

(Musique de scène.)

RIFOLARD, à Gueugueux.

Misérable! qu'as-tu fait de mon vol-au-vent?

GUEUGUEUX.

Je m'en suis défait... dans les prix doux!...

RIFOLARD.

Infâme!... mille fois infâme!... mais c'est un vol!

GUEUGUEUX, avec dignité.

Au vent, Monsieur, au vent.

RIFOLARD.

Il y a une loi qui punit ceux qui s'approprient la nourriture de leurs contemporains... (Aux mitrons.) Emparez-vous de lui, et traînez-le derrière les tribunaux. (Les mitrons s'emparent de Gueugueux.)

BEAUCANARD, à part, remontant.

Oh! bonheur!... elle est libre... (Haut, à Madelon **.) Mademoiselle, peut-on vous offrir le café?

MADELON.

Monsieur!!! (Changeant de ton.) J'accepte!...

GUEUGUEUX, voyant Beaucanard.

Ciel!... l'Espagnol Napolitain de Valentino! O douleur! douleur!...

MADELON, d'une voix douce, allant à lui ***.

Il faut bien que je prenne le café.

* Grelu. Deni. Gibl. Gueu. Rif, Mad. Beau. Alb. Luc.
** Grelu. Deni. Gibl. Gueu. Rifo. Beau. Mad. Alb. Luc.
*** Grelu. Deni. Gibl. Gueu. Rif. Mad. Beau. Alb. Luc.

GUEUGUEUX.

Madelon, je te le défends... tu sais bien que ça t'agite.

MADELON.

Que t'importe, mon chevalier!... tu sais bien que c'est toi
seul que j'aime! (Beaucanard lui reprend le bras.)

GUEUGUEUX, à part.

Je suis pincé... et elle aussi...

TOUS.

Chez le commissaire!...

REPRISE DE L'ENSEMBLE.

Ah! c'est abominable! etc.

(On entraîne Gueugueux qui se débat. — Madelon est tranquillement au bras
de Beaucanard. — Tous sortent par le fond, excepté Giblotte, qui rentre dans
sa maison. — Madelon, Beaucanard et ses amis s'éloignent par la droite. —
Le théâtre change à vue.)

TABLEAU II.

Chez Beaucanard. — Un intérieur élégant. — Une porte au fond; à
droite, une fenêtre; à gauche, une porte; meubles riches.

SCÈNE PREMIÈRE.

LE PORTIER; puis BEAUCANARD et MADELON.

LE PORTIER, seul, entrant par la gauche et rangeant.

Monsieur Beaucanard m'a dit qu'il recevait du monde ce soir...
mettons tout en ordre... (Ritournelle de l'air suivant. — Allant au fond.)
C'est lui!... avec une dame!... Chut!... (Il s'efface à droite. — Beaucanard entre par le fond avec Madelon. — Le portier sort aussitôt par le fond.)

BEAUCANARD *.

Air d'*Actéon* (Auber).

Entrez sans crainte, ô ma belle odalisque;
Votre sultan vous ouvre son palais.

MADELON, regardant autour d'elle d'un air d'envie.

Dieux!... que c'est beau! vrai, malgré moi je bisque...
C't acajou là, je ne l'aurai jamais.

BEAUCANARD, avec feu.

Deviens la tourterelle
De ce gai pigeonnier;
Ma colombe fidèle,
Je serai ton ramier...
Tu seras ma sultane!

* Mad. Beau.

MADELON.
Non, non... Gueugueux
Seul rend mon cœur joyeux!
(A part, en soupirant.)
Mais il est dans la panne...

ENSEMBLE.

BEAUCANARD, à part.
Bientôt je veux
Remplacer son Gueugueux!
MADELON, à part.
Pourquoi Gueugueux,
Hélas! est-il si gueux!...

BEAUCANARD.
Nous souperons, n'est-ce pas?...
MADELON.
Mais je l'espère bien.
BEAUCANARD, remontant et appelant.
Portier!... (Le portier entre par le fond.*) Portier, courez chez l'écaillère, faire ouvrir deux douzaines, pied-de-cheval... ensuite n'hésitez pas à aller quérir chez le charcutier deux pieds truffés, et un demi-perdreau chez le rôtisseur.
LE PORTIER.
On y va, monsieur Beaucanard. (Il sort par le fond.)
BEAUCANARD, à Madelon, qui admire toujours autour d'elle **.
Eh bien! ma toute belle! que vous en semble? (Il a posé sa canne et son chapeau sur un fauteuil, à gauche.)
MADELON.
Oh! c'est joliment reluisant chez vous!
BEAUCANARD.
Dites chez nous... car ce séjour enchanté... je vous l'offre, Madelon.
MADELON.
Vous avez payé votre terme?
BEAUCANARD.
Oui... ce matin... avant midi... (S'approchant d'elle.) Oh! bon gré, mal gré, il faut que vous m'aimiez... à ce prix seul est mon silence...
MADELON, étonnée.
Votre silence?...
BEAUCANARD.
Rappelez-vous la matinée du trois juillet mil huit cent cinquante-six...
MADELON, à part.
Ciel!... il m'a vue!...

* Le Port. Beau. Mad.
** Beau. Mad.

BEAUCANARD.

Vous avez secoué un tapis par la fenètre... au mépris de toutes
les lois humaines! Ce n'est pas tout! vous avez été éconduite de
chez la Mistenflûte, pour faute d'arithmétique, pour abus de
l'anse du panier!... Enfin, Madelon Lescaut, vous n'avez pas de
livret!... (Pendant ce couplet, Madelon a reculé mélodramatiquement devant
Beaucanard, qui s'avance sur elle à mesure qu'elle recule.)

MADELON, chancelant, à part.

Grands dieux! il sait tout! (Elle tombe assise à droite.)

BEAUCANARD.

Oui, tout! mais je me tairai!... je ne veux rien devoir qu'à
mes menaces et à mon amour!... (Madelon, toujours assise, tourne la
tête de l'autre côté; il passe à sa gauche et continue *.) Madelon, j'ai une po-
sition sociale; je puis lever cinquante Autrichiens!...

MADELON, à part, se levant.

Des Autrichiens.... il y aura de la hausse là-dessus!...

BEAUCANARD.

J'en ai vingt-cinq en portefeuille... J'ai un beau nom!... je
descends de ces Beaucanard qui ont passé la Bérésina...

MADELON.

Comment!... les canards...

BEAUCANARD, avec orgueil.

Les Beaucanard l'ont bien passée!... Voulez-vous des mou-
zaïas, du caoutchouc durci, des petites voitures, ou des lits mi-
litaires?... voulez-vous des cachemires de M. Biétry?... (Insistant.)
M. Biétry... celui qui n'a pas d'autre associé que son fils!...Dites
un mot, une syllabe, une lettre!... Oui, Madelon, fortune, hon-
neurs, jouissances effrénées d'un luxe oriental... je mets tout à
vos bottines... car je vous aime!... je vous aime, comme Médor
n'a jamais aimé Angélique!

Air : *Voulez-vous des bijoux.*

De Biétry, voulez-vous
    Un cachemire?
Voulez-vous des can'zous?
    Ils sont à vous !

MADELON, émue.

Ah! ah! ah! ah!
Ah! ah! ah! ah!

BEAUCANARD.

Un mot à dire.

MADELON.

Ah! ah! ah! ah!
Ah! ah! ah! ah!

BEAUCANARD.

A vous tout ça!...
A vous de l'or, des plaisirs, de la *joye!*
Vous vous roul'rez dans le l' velours et la *soye.*

* Mad. Beau.

MADELON.

Ah! ah! ah! ah!
Ah! ah! ah! ah!

BEAUCANARD, à part.

Son œil *flamboye!*

MADELON.

Ah! ah! ah! ah!
Ah! ah! ah! ah!

BEAUCANARD.

A vous tout ça!

DEUXIÈME COUPLET.

Voulez-vous un local,
        Hôtel du Louvre?...
Du Strasbourg, du Central?...
        Ça m'est égal!...

MADELON.

Ah! ah! ah! ah!
Ah! ah! ah! ah!

BEAUCANARD, à part.

Oui son cœur s'ouvre...

MADELON.

Ah! ah! ah! ah!
Ah! ah! ah! ah!

BEAUCANARD, à part.

A ces mots-là...

MADELON, passant à droite.

Mais oublier mon Gueugueux, c'est un crime...

BEAUCANARD, plus pressant [*].

Songez-y donc!... vous pouvez vendre à prime.

MADELON.

Ah! ah! ah! ah! (*bis.*)

BEAUCANARD, à part.

Son œil s'anime...

MADELON.

Ah! ah! ah! ah! (*bis.*)

BEAUCANARD, à part.

A ces mots-là!

ENSEMBLE.

MADELON.

Ah! ah! ah! ah! (*bis.*)
Non, c'est un crime!...
Ah! ah! ah! ah! (*bis.*)
Je r'fus' tout ça!

BEAUCANARD.

Ah! ah! ah! ah! (*bis.*)
Son œil s'anime...

* Beau. Mad

Ah! ah! ah! ah!
A ces mots là!

(Le portier entre par le fond.)

BEAUCANARD [*].

Eh bien! Pipelet, et ces huîtres?

LE PORTIER.

Monsieur, on vous ouvre!

BEAUCANARD, prenant son chapeau.

Très-bien. Ma Dulcinée, pardon si je vous quitte quelques instants... Je vais au passage de l'Opéra, savoir ce qu'on fait. Pipelet!... ma canne.

LE PORTIER, prenant la canne sur le fauteuil et la lui présentant.

V'là, monsieur Beaucanard!

BEAUCANARD, prenant la canne.

Non... pas celle-ci... donnez-moi mon rotin enrichi de diamants... (Le portier sort par la gauche. — Montrant la canne qu'il tient et passant à droite [**].) Quant à cette canne, je la mets là... (Il la pose debout contre le mur de droite.) avec quelque intention. (Le portier rentre, apporte une autre canne et attend au fond. — A Madelon.) A bientôt! chère belle....

ENSEMBLE [***].

Air : *Ta main* (Saint-Arnaud).

BEAUCANARD.

A toi noblesse!
A toi de l'or!
De ma tendresse
Le doux trésor!
A toi, ma reine,
Mille agréments!
Ton avant-scène
Aux Délassements,
Qui pour pierrot
Ont Debureau!

MADELON.

A moi noblesse!
A moi de l'or!
De sa tendresse
Le doux trésor!
A moi, sa reine,
Mille agréments!
Mon avant-scène
Aux Délassements,

* Le Port. Beau. Mad.
** Mad. Beau.
*** Mad. Beau. le Port.

Qui pour pierrot
Ont Debureau!

(Beaucanard sort par le fond, après avoir pris la canne des mains du portier
qui le suit, et ferme la porte.)

SCÈNE II.

MADELON, seule.

(Quand elle est seule, elle court se plonger dans le fauteuil de gauche.)
Tiens! ça rebondit... il a du confortèble ce jeune homme...
qu'est-ce qui se serait douté de ça, quand il faisait l'Espagnol à
Valentino! (Se levant.) Oh! fuyons ces tentations!... (Elle fait un
mouvement et s'arrête.) Et pourtant, si je voulais... moi aussi, je
pourrais avoir des robes à dix francs le mètre, de l'hermine et
de la valencienne! je pourrais...

Air : *Je suis un simple muletier. Le Muletier de Tolède* (Adam).

Au lieu d'aller à pied l'hiver,
Me gelant l'nez et la figure,
Acheter chez monsieur Bender
Une bonn' petite voiture. (*bis.*)
Au lieu d' rester à m'ennuyer,
Au lieu d' rester à travailler,
Aller, fuyant toute besogne,
Faire un p'tit tour au bois d' Boulogne. (*bis.*)
Clic, clac! clic, clac! au petit trot,
Clic, clac! clic, clac! au grand galop,
Place, faquin! place, maraud! (*bis.*)
Laissez passer Mad'lon Lescaut! (*bis.*)

DEUXIÈME COUPLET.

Près de soi toujours avoir là,
Des jeunes gens qui vous idolent.
Avoir autour de son briska
D' beaux cavaliers qui caracolent. (*bis.*)
Puis chez Born s'en aller gaîment
Prendre le madère en pleint vent...
Comme une allouett' vive et contente,
S' faire enfin ses trois mill' de rente. (*bis.*)
Clic, clac! clic, clac! au petit trot,
Clic, clac! clic, clac! au grand galop,
Place, faquin! place, maraud! (*bis.*)
Laissez passer Mad'lon Lescaut! (*bis.*)

Mais non, avant tout, l'amour de mon chevalier! (Musique à
l'orchestre.)

SCÈNE III.

MADELON, GUEUGUEUX, entrant brusquement par la fenêtre.

MADELON, effrayée.
Au voleur!...

GUEUGUEUX.

C'est moi !

MADELON.

Mon Gueugeux ! ah ! (Elle court à lui.)

GUEUGUEUX, la repoussant.

Arrière, femme légère !... touchons pas !...

MADELON.

Qu'as-tu ?

GUEUGUEUX.

Ce que j'ai ?... j'ai que j'ai donné du croc en jambe à mes gardiens... que je suis libre !... Et c'est ici que je vous retrouve... en plein hidalgo !... (Avec désespoir.) Ah ! désespoir-je ! désespoir-je !...

MADELON, interdite.

Gueugueux... je te jure... (Elle tombe à genoux.)

GUEUGUEUX.

Pas de serment !... nous ne sommes pas ici au jeu de paume !... (Avec amertume.) Ah ! il vous faut des châles à ramage, des fleurs d'artifice sur la tête, et, tous les jours, des dîners à quarante sous, sans le vin !... Il vous faut des meubles de boule, des toilettes duchesse !... chez moi n'y avait rien du tout... mais ça m'appartenait ! oh ! les femmes !... les femmes !... qu'avez-vous fait de ma jeunesse et de mes illusions, Mademoiselle ?... Oh ! mes croyances ! mes croyances !... (Avec une émotion poignante.) Ah ! vous êtes une bien peu de chose !... vous êtes... une rien du tout. Hi, hi, hi. (Il sanglote.)

MADELON, émue.

Mon Gueugueux ! (Elle se relève et reste courbée devant lui.)

GUEUGUEUX.

J'aurais travaillé pour vous procurer des ombrelles... et toutes les douceurs !... mais non... vous avez voulu être riche tout de suite... ah ! que vous êtes loin de Jenny l'ouvrière, qui vivait le cœur content, content de peu, qui pourrait être riche et préfère... ce qui lui vient de Dieu !... (Chantant à tue tête.)

Ce qui lui vient de Dieu.

(Accablé.) Ah !... (Il va pour s'asseoir en chancelant sur la chaise de droite et tombe à côté, le derrière par terre. — Avec douleur.) Oh ! ma tête !... ma pauvre tête !...

MADELON.

Mon chevalier !... tu m'aimes encore !...

GUEUGUEUX, se relevant.

Moi !... je t'abomine !... tu es la dernière des dernières !...

MADELON, allant à lui et d'un ton suppliant.

Gueugueux !...

GUEUGUEUX, la saisissant par la main et la faisant brusquement passer à droite *.

Ah !... (Il remonte, puis, au moment de sortir, s'arrête, se retourne vers Madelon et s'écrie avec délire :) Non !... je t'aime !...

* Gueu. Mad.

MADELON, se précipitant dans ses bras.

Ah !...

GUEUGUEUX.

Mais tu vas filer avec moi !... viens !... (Il l'entraîne vers la porte
du fond. — On entend la pluie tomber à torrents.)

MADELON, s'arrêtant.

Ciel !... quelle ondée !...

GUEUGUEUX, écoutant.

Il lansquine !... ça ne fait de rien... viens !... (Il veut l'entraîner,
Madelon se dégage.)

MADELON, redescendant.

Moi, patauger !... attraper un gros rhume... merci !...

GUEUGUEUX.

Vous hésitez, Madame ?...

MADELON, avec amour.

Non ! je n'hésite pas !... (Changeant de ton.) Je refuse !...

GUEUGUEUX.

Air : *les Feuilles mortes.*

Le temps va s'écouler... il faut partir ma belle...
Allons chez mon parrain, qui demeure à Pantin...
Chez lui nous trouverons la table et la chandelle.

MADELON, passant à gauche.
Il ne faut oublier mes rèv's Chaussée-d'Antin.

GUEUGUEUX *.
Il fait un temps de chien, et j' n'ai pas d' parapluie !

MADELON.
Pour prendre l'omnibus, as-tu six sous sur toi ?

GUEUGUEUX.
Non, je n'ai pas un sol... mais qu'importe la pluie !
    (Avec âme.)
Si vous m'avez aimé, vous vous crott'rez pour moi. (*bis.*)

MADELON.

Non !... je ne veux pas barboter, nà !...

GUEUGUEUX.

Ah ! je comprends...

MADELON.

Non, vous ne comprenez pas. J'obéis à mes impulsions naturelles.

GUEUGUEUX.

Avec ça qu'elles sont jolies vos propulsions !... Adieu... (Il remonte.)

MADELON.

Vous me laissez seule ?...

GUEUGUEUX, avec ironie, et s'arrêtant.

Je vous laisse seule avec vos propulsions naturelles.

*Mad. Gueu.

MADELON.

Attendez qu'il ne pleuve plus...

GUEUGUEUX.

Non... je m'en vas... adieu... (Il chancelle.) Ah !...

MADELON, allant à lui.

Mon chevalier, qu'as-tu ?

GUEUGUEUX.

C'est p't-être que je n'ai pas mangé depuis la dernière fois !...

MADELON, criant.

Portier, servez !... (Le portier entre par le fond, avec une table toute servie, qu'il place sur le devant à gauche.)

GUEUGUEUX, à part *.

Quoi qu'elle fait ?... quoi qu'elle fait ?...

MADELON.

A table, mon chevalier !... (Avec dignité, au portier.) Sortez !... (Le portier sort par le fond, après avoir mis deux siéges près de la table. — Madelon met le verrou à la porte du fond.)

GUEUGUEUX, s'approchant de la table **.

Moi !... manger le Balthasar d'un autre... me livrer à une charcuterie qui m'est étrangère !... mais vous me méprisez donc bien, Madame !... (Madelon lui met un plat sous le nez. A part, avec envie.) Nom d'un chien!... des pieds de cochon !

MADELON, s'asseyant à la gauche de la table.

Assieds-toi, et soupe!

GUEUGUEUX.

Je vas souper parce que j'ai faim... mais je proteste !... (Il s'assied près de Madelon, face au public.)

MADELON, gaiement, lui versant à boire.

A ta santé !...

Air : *Boléro des deux aveugles* (Offenbach).

> Lorsque l'orage
> Fait son tapage,
> Quel avantage
> D'être tous deux !...
> C'est en cachette
> Que le cœur fête
> Un tête à tête
> Bien amoureux.

GUEUGUEUX, avalant.

> Que c'est donc bon !...

MADELON.

> Prends du citron.

GUEUGUEUX.

> Du pied truffé
> Je suis coiffé !

* Le Port. Mad. Gueu.
** Mad. Gueu.

MADELON.

Prends du perdreau,
Dreau, dreau, dreau, dreau.
Et du cliquot.
Quot, quot, quot, quot.

   TOUS DEUX, trinquant.

Ting ! ting ! ting ! ting !

ENSEMBLE.

MANON.

Lorsque l'orage
Fait son tapage,
Quel avantage
D'être tous deux ! etc., etc.

   GUEUGUEUX.

Ting ! ting ! ting ! ting ! etc.

(**A ce moment,** Beaucanard paraît au milieu du théâtre, en sortant d'une trappe, qui se referme après son apparition.)

(Musique à l'orchestre.)

SCÈNE IV.

LES MÊMES, BEAUCANARD.

   BEAUCANARD [*].

Eh bien ! ne vous gênez pas !...

   GUEUGUEUX, se levant.

Ciel !...

   MADELON , de même.

Pincés !

   BEAUCANARD , montrant la trappe.

Vous ignoriez cette porte secrète !... (Avec colère.) Ah ! c'est ainsi !... on se joue de moi... on abuse de mes comestibles !

   GUEUGUEUX, avec dignité.

Monsieur, la passion justifie tout.

   BEAUCANARD.

Mais je me vengerai !... mitron indélicat, on est à ta poursuite... je vais te faire pincer !... Vous, Madelon, je cours dénoncer votre tapis par la fenêtre, votre abus de l'anse du panier, et votre absence de livret !... (Il remonte.)

   MADELON, allant à lui [**].

Grâce !

   BEAUCANARD.

Je me vengerai... je me vengerai... (Il sort vivement par le fond, on l'entend fermer la porte à double tour. — La musique continue à l'orchestre.)

[*] Mad. Gueu.
[**] Mad. Gueu. Beau.

SCÈNE V.

GUEUGUEUX, MADELON, puis DENISE.

GUEUGUEUX.

Il nous enferme!...

MADELON.

Nous sommes perdus!

DENISE, entrant par la porte de gauche et venant au milieu [*].

Vous êtes sauvés!...

MADELON ET GUEUGUEUX.

Denise!...

DENISE.

Oui, Denise, qui a pris l'escalier de service, pour vous en rendre un... Gueugueux, votre signalement est donné à la Sainte-Hermandad... cherchez un costume, quelque chose... que l'on ne vous reconnaisse pas!...

GUEUGUEUX, regardant de tous côtés.

Mais où?... mais où?... (Ouvrant la porte de gauche.) Ah! voilà mon affaire!... (Il disparaît par la gauche, Madelon et Denise vont écouter à la porte du fond.)

MADELON [**].

Personne!... (Redescendant.) Et moi?...

DENISE, ôtant sa couronne de mariée.

Toi!... prends cette couronne de fleurs d'oranger!...

MADELON, hésitant

De la fleur d'oranger... à moi!...

DENISE, naïvement.

Puisque c'est pour qu'on ne te reconnaisse pas!...

MADELON, mettant la couronne à la hâte.

Tu me sauves!...

DENISE.

Alors, sauve-toi!

MADELON, avec un soupir, en regardant autour d'elle.

C'est dommage, ce petit local me convenait... le terme était payé... mais mon Gueugueux avant tout!

DENISE.

Mais où est-il?

MADELON, passant à gauche et appelant.

Gueugueux!

GUEUGUEUX, rentrant par la gauche [***].

Présent! (Il est habillé en espagnol; écharpe, toque surchargée de plumes, bottes jaunes à vastes entonnoirs.)

MADELON.

Ciel!... tu vas sortir comme ça dans la rue!...

GUEUGUEUX.

Oh!... il y a tant d'étrangers à Paris! (Beaucanard entre vivement par le fond.)

* Gueu. Den. Mad. — ** Den. Mad. — *** Gueu. Mad. Den.

TOUS TROIS, avec terreur

Ah!...

SCÈNE VI.

LES MÊMES, BAUCANARD.

BEAUCANARD *.

Ah! je vais être vengé!... On me suit. (Avec stupeur.) Il a endossé mon castillan!... misérable!... (Il lève sa canne.)

GUEUGUEUX, courant s'emparer de la canne laissée par Beaucanard contre le mur de droite.

Un duel! allons-y!... (Ils se mettent en garde, Madelon et Denise effrayées remontent et passent à gauche. — Denise se jette à genoux et semble implorer le ciel. — Après quelques passes, Beaucanard est désarmé; il se baisse pour ramasser son rotin.)

GUEUGUEUX, pendant que Beaucanard est baissé.

Je te jette mon gant! (Il lui donne un coup de pied dans le derrière.)

BEAUCANARD, se redressant **.

Je vais te faire empoigner!

GUEUGUEUX.

Tu te tairas!... (Il le prend à bras le corps, l'enlève et le fait entrer de force dans le cabinet de gauche, où il l'enferme; puis il revient près de Madelon, qui s'est relevée.) Enfoncé le Beaucanard!... (Au moment où ils remontent pour sortir, entrent Rifolard et ses deux mitrons, tous trois armés de manches à balai.)

SCÈNE VII.

DENISE, MADELON, GUEUGUEUX, RIFOLARD ET LES DEUX MITRONS.

RIFOLARD, en dehors.

Venez!... venez!... il est ici!... (Il entre suivi des mitrons.) Personne!... il n'y est pas!... (Apercevant Gueugueux.) Que vois-je!... un Espagnol!...

GUEUGUEUX, avec dignité et sans se retourner vers lui.)

Je m'appelle Gastibelza...

RIFOLARD ET LES MITRONS, ôtent leurs bérets et s'inclinant.

Oh!...

GUEUGUEUX, de même que ci-dessus.

L'homme à la carabine... j'étais venu à Paris pour voir l'exposition. Place à un Espagnol qui voyage avec de la société!... (Il prend la main de Madelon qui prend celle de Denise, et ils remontent tous les trois au milieu de l'étonnement général.)

DENISE, à part.

Sauvé!... sauvé!... (Ils sortent tous trois par le fond. — On entend Beaucanard frapper à la porte du cabinet.)

* Gueu. Beau. Mad. Den.
** Deni. Mad. Gueu. Beau.

SCÈNE VIII.

RIFOLARD, LES MITRONS, puis BEAUCANARD.

BEAUCANARD, en dehors.

A moi!... au secours!

RIFOLARD.

Ah!.. c'est lui!.. à moi! mon bon manche à balai de Tolède!...
(Un mitron ouvre à Beaucanard qui, en entrant, reçoit des coups de manches
à balai de la part de Rifolard et de ses mitrons.

BEAUCANARD, se sauvant à droite [*].

Ça n'est pas moi!

RIFOLARD ET LES MITRONS, s'arrêtant stupéfaits.

Monsieur Beaucanard!...

RIFOLARD.

Mais lui! où est il?

BEAUCANARD, passant à gauche.

Vous l'avez laissé fuir!...

RIFOLARD [**].

C'était lui!

BEAUCANARD.

Mes amis, sus à l'hidalgo!...

TOUS.

Sus à l'hidalgo!...

CHŒUR.

Air de *l'Abbé galant*.

Vengeance! (*bis.*)
Courons, (*bis.*)
Nous le prendrons!
D'une pareille offense
Jurons
Que nous nous vengerons!

(Pêle-mêle, confusion, tumulte. — Beaucanard sort par le fond, suivi de Rifolard et de ses mitrons, qui brandissent leurs manches à balai.

(Le théâtre change à vue.)

TABLEAU III.

Un champ de vigne. — Au fond, à droite, un poteau sur lequel est
écrit : LES OISEAUX SONT PRÉVENUS QUE LES RAISINS SONT EMPOI-
SONNÉS. — A gauche, un tronc d'arbre, au troisième plan, à côté
du tronc, un tapis de mousse.

SCÈNE PREMIÈRE.

MADELON, GUEUGUEUX, arrivant par le fond, à droite, à travers les
vignes, très-accablés. — Madelon mord à même une grappe de raisin.

RÉCITATIF *de M. J. Nargeot.*

GUEUGUEUX, toujours en Espagnol.

Soutiens-toi, Madelon.

* Rif. Beau. — ** Beau. Rif.

MADELON, appuyée sur lui.
La fatigue m'accable...
Mais, avec toi, j'irais au bout de l'univers !
GUEUGUEUX.
Tes pauvres petits pieds sont brûlés par le sable.
MADELON.
Où sommes-nous, Gueugueux?
GUEUGUEUX.
Loin d'un monde pervers!
MADELON, regardant la main de Gueugueux.
Mais que vois-je! blessé !
GUEUGUEUX.
C'est un affreux caniche,
Qui refusait la taxe... et m'a t'endommagé.
MADELON.
Tu souffres?
GUEUGUEUX.
Ça n'est rien. Mange encor, ma bibiche...
Ces raisins...
MADELON, lui présentant la grappe.
Partageons.
GUEUGUEUX.
Non... j'en ai trop mangé!

Air des _Bonnes d'enfants_.

Que notre destin s'accomplisse!
(Montrant la droite.)
Là-bas, vois-tu, c'est Argenteuil!...
C'est là, c'est là qu'est ma nourrice.
MADELON.
Nous fera-t-elle bon accueil?
GUEUGUEUX.
Oui... dans sa chaumière... j'ai l'œil...
(Trémolo.)

MADELON, parlé.
Oui... tu as raison... partons !
GUEUGUEUX.
Filons! (Ils remontent.)
MADELON, voyant l'écriteau.
Ciel ! Gueugueux ! (A chaque mot, ils reculent d'un pas.)
GUEUGUEUX.
De quoi?
MADELON, lui montrant l'écriteau.
Vois donc... là... sur cet écriteau !
GUEUGUEUX, anéanti.
Ah !... (Ils redescendent.)
Suite de l'air.

Du sort, ô dernière cascade!
Le chasselas était malade.

MADELON.

Tous les deux nous sommes moissonnés.
Le chasselas était malade...

GUEUGUEUX.

Pleurons, amants infortunés,
Tous deux, nous sommes poisonnés !

(Musique à l'orchestre.)

(Éperdu.) Au secours !... un médecin !... un apothicaire !... un homme à patte !...

MADELON.

, N'appelle pas, Gueugueux... (Criant.) Ma voix s'éteint !... (Criant plus fort.) je sens que je vais mourir !... (Se jetant dans ses bras et avec poésie.) mais je voudrais mourir ton épouse !... je voudrais mourir... madame Gueugueux ! mais dans ce vaste désert, comment publier les bans ? (Dans ce mouvement, elle a passé à droite. — Musique céleste.)

GUEUGUEUX.

Pas de bancs ! pas le moindre petit banc !... (Comme inspiré.) Ah ! Madelon, sois satisfaite. (Regardant le tronc d'arbre.) Ce tronc m'inspire !... que le dieu d'hymenée lui donne les pleins pouvoirs de monsieur l'adjoint !... (Il met autour du tronc d'arbre son écharpe d'Espagnol et pose sa toque sur le sommet. — Au milieu de la musique céleste se détache le motif de l'air : Gai, gai, marions-nous. — Gueugueux fouille dans sa poche, et en tire une paire de gants de coton blanc; il en met un, donne l'autre à Madelon, et la conduit avec solennité vers le tronc d'arbre, devant lequel ils s'inclinent.) Madelon, ma fiancée, écoutez la formule. (Prenant une voix magistrale.) Gueugueux, consentez-vous à prendre pour épouse Madelon Lescaut ? (Avec sa voix.) Oh ! oui ! (Reprenant la voix magistrale.) Et vous, Madelon Lescaut, consentez-vous à prendre Gueugueux pour époux ?

MADELON.

Oh ! oui, oui, cent fois oui !

GUEUGUEUX.

C'est comme si que M. l'adjoint y avait passé !

ENSEMBLE, *avec bonheur.*

Récitatif de M. J. Nargeot.

Nous sommes unis !...
Nous sommes unis !!

(Ils redescendent vivement la scène.)

Air de *Lucie de Lammermoor.*

GUEUGUEUX.

Le bonheur vient inonder mon âme !...
A toi mon nom ! t'as prononcé le oui !

MADELON.

Oui, j'ai dit oui !

Mon Gueugueux, enfin je suis ta femme
De Madelon (bis) te voilà le mari !

GUEUGUEUX.
Oui, j'ai dit oui !
MADELON.
Ah ! je vois s'accomplir mon beau rêve !...
GUEUGUEUX.
Maintenant que l' poison nous enlève !
ENSEMBLE, avec éclat.
Maintenant que l' poison nous enlève !
GUEUGUEUX.
Elle est ma femme !...
MADELON.
T'es mon mari !

ENSEMBLE.

Ah ! le beau rêve !... (*Bis.*)

Air : *La plus belle promenade.*

Que notre destin s'achève !...
C'est bon d' s'en aller ainsi !
(Reprenant l'air de Lucie.)
Oui, que la mort nous enlève !
Nous aurons fait un beau rêve... (*Bis.*)
Oui, que notre destin s'achève !...

MADELON, chancelant.
Fin de l'air : *Tout le long du bois.*
Gueugueux... n-i, ni...
Je sens... qu' c'est fini !

Elle tombe dans les bras de Gueugueux, qui la dépose sur le tapis de mousse,
au pied du tronc d'arbre, et s'agenouille auprès d'elle. Musique bruyante.
Accourent par le fond à droite, Denise, Greluchon et tous les gens de la
noce.)

SCÈNE II.

LES MÊMES, DENISE, GRELUCHON ET LES GENS DE LA NOCE;
puis RIFOLARD ET LES MITRONS.

DENISE *.
Par ici ! par ici ! (Voyant Madélon étendue.) Que vois-je ?...
TOUS.
Madelon !...
GUEUGUEUX, au désespoir.
Poisonnée !... poisonnée !... Ce raisin est son tombeau ! (Il montre
l'écriture.)
DENISE.
Mais c'était une frime du garde-champêtre, c'est pour effrayer
les moineaux et les Parisiens du dimanche !... (Gueugueux se relève
avec joie.)
MADELON, se levant.
Ah bah ! (Allant à Denise.) Parole d'honneur !... mais j'aime bien
mieux ça !

* Mad. Gueu. Den. Grel.

DENISE, lui donnant un livret *.

Tiens voilà ton livret!

GUEUGUEUX.

Oh! c'est trop de bonheur!...

RIFOLARD, arrivant par la porte à droite, avec ses deux mitrons **.

Gueugueux!... Gueugueux!

GUEUGUEUX, avec terreur.

Ciel!... le patron!...

RIFOLARD ému, prenant la main de Gueugueux.

Qui te pardonne... depuis qu'il a été à l'Opéra-Comique. Le vrai Desgrieux est plus canaille que toi.

GUEUGUEUX, passant près de Madelon ***.

Ce qui prouve, ô mes amis, que la musique fait passer sur bien des choses.

CHŒUR.

Air de *Kriesel.*

Le mariage
Les engage,
Que tous deux
Ils soient heureux!
Doux présage!
Plus d'orage!
Chantons Mad'lon et Gueugueux!

MADELON, au public.

Manon d' l'Opéra-Comique,
Obtient un succès sans nom;
Accept'rez-vous la musique
Que vous offre Madelon?
Pour que cette œuvre légère
Obtienne un beau dénoûment,
Que l'orchestre du parterre
Se charg' de l'accompagn'ment.

GUEUGUEUX, au public.

Pas de claques en sourdine;
Il faut à ce cri du cœur,
Des rir's en ut de poitrine,
Des bravos en ré majeur!

MADELON, au public.

Donnez, pour la mélodie,
Une couronne à Manon;
Accordez, pour la folie,
Un sourire à Madelon.

REPRISE EN CHŒUR.

Donnez, pour la mélodie, etc.

* Gueu. Mad. Den. Gr. — ** Gueu. Rif. Mad. Den. Grel. — *** Rif. Gueu. Mad. Den. Grel.

FIN.

LAGNY. — Imprimerie de VIALAT et Cie.

www.ingramcontent.com/pod-product-compliance
Ingram Content Group UK Ltd.
Pitfield, Milton Keynes, MK11 3LW, UK
UKHW031734170726
13836UKWH00002B/650